Das ultimative Kochbuch zur Wurstherstellung

Köstliche hausgemachte Würste für jeden Anlass, vom Frühstück bis zum Abendessen und alles dazwischen. Entdecken Sie die Kunst der Wurstherstellung mit 100 geschmackvollen Rezepten, Tipps und Techniken zur Perfektionierung Ihres Handwerks

Maximilian Hoffmann

Urheberrechtliches Material ©2023

Alle Rechte vorbehalten

Ohne die entsprechende schriftliche Zustimmung des Herausgebers und Urheberrechtsinhabers darf dieses Buch in keiner Weise, Form oder Form verwendet oder verbreitet werden, mit Ausnahme kurzer Zitate in einer Rezension. Dieses Buch sollte nicht als Ersatz für medizinische, rechtliche oder andere professionelle Beratung betrachtet werden.

INHALTSVERZEICHNIS

INHALTSVERZEICHNIS	**3**
EINFÜHRUNG	**8**
1. Amerikanische Rinderwurst	10
2. Amerikanische niederländische Wurst aus Pennsylvania	12
3. Amerikanische Schweinswurst	14
4. Amerikanische Rinderwurst	16
5. Amerikanische kreolische Wurst (Chaurice)	18
6. Amerikanische Hirsch-Cuckolds	20
7. Amerikanische Ingwer-Schweinewurst	22
8. Amerikanische Louisiana-Wurst	24
9. Amerikanische Norfolkwurst	26
10. Amerikanische Schweinswurst (kreolische Art)	28
11. Amerikanische Schweinswurst	30
12. Amerikanische Schweine- und Kalbswurst	32
13. Amerikanische Rosmarinwurst	34
14. Amerikanische scharfe Schweine- und Kalbswurst	36
15. Amerikanische Wildwurst	38
16. Armenische Lammwurst	40
17. Armenische Wienerwurst	42
18. Bayerische Bockwurst	44

19. Chinesische kantonesische Wurst	46
20. Kubanische Wurst	48
21. Dänische Leberwurst	50
22. Dänische Schweinswurst	52
23. Dänische Oxford-Hörner	54
24. Englische Oxford-Wurst	56
25. Französischer Boudin Blanc De Paris	58
26. Französischer Boudin Blanc Du Mans	60
27. Französischer Boudin Blanc	62
28. Französischer Boudin Noir	64
29. Französischer Cervelat	66
30. Französische Hühnerwurst	68
31. Französische Landrindwurst	70
32. Französische Brandy-Wurst	72
33. Chorizo nach französischer Art	74
34. Französische Knoblauchwurst	76
35. Französische Saucisses D'alsace-Lorraine	78
36. Französische Saucisses Cervelas	80
37. Französische Saucisses De Champagne	82
38. Französische Saucisses au Champagne	84
39. Französische Saucisses Cuit Au Madère	86
40. Französische Saucisses Au Cumin	88
41. Französische Saucisses Espagnoles	90

42. Französische Saucisses De France   92
43. Französische Saucisses Au Foie De Porc   94
44. Französische Saucisses Du Perigord   96
45. Französische Saucisses De Toulouse   98
46. Französische Saucisses Viennoises   100
47. Französischer weißer Hühnerpudding   102
48. Deutscher Blutwurst   104
49. Deutscher Blutwurst mit Eiern   106
50. Deutsche Blut- und Zungenwurst   108
51. Deutsche Bockwurst   110
52. Deutscher Braunschweiger   112
53. Deutsche Bratwurst   114
54. Deutsche Frankfurter (Wiener)   116
55. Deutsche Frankfurter (Wienerwurst)   118
56. Deutsche Gehirnwurst   120
57. Deutsche Knackwurst   122
58. Deutsche Königswurst   124
59. Deutsche Klopfwurst   126
60. Deutsche Leberwurst   128
61. Deutsche Mettwurst   130
62. Deutscher Metz   132
63. Deutsche Schwäbischewurst   134
64. Deutsches Wurstchen   136

65. Griechische Loukanika-Wurst	138
66. Griechische Orangenwurst	140
67. Griechische Schweinswurst	142
68. Griechische Blutwurst	144
69. Ungarische Fischwurst	146
70. Ungar Hazi Kolbasz	148
71. Ungarische Hurka	150
72. Ungarischer Kolbasz	152
73. Ungarische Majas Hurka (Heiße Leberwurst)	154
74. Irische Wurst	156
75. Irisches Bologna	158
76. Italienische gekochte Salami	161
77. Italienischer Cotechino	163
78. Italienische Luganega	165
79. Italienische Pfefferwurst	167
80. Italienische Wurst	169
81. Italienische Wurst (scharf)	171
82. Italienische Wurst (süß)	173
83. Italienische Wurst (süß oder scharf)	175
84. Italienische Chorizo	177
85. Mexikanische Sonora-Chorizo	179
86. Mexikanische Chorizo	181
87. Mexikanische/spanische Lammwurst	183

88. Norwegische Wurst	185
89. Polnische Blutwurst	187
90. Polnische Kielbasa	189
91. Polnische Kiszka	191
92. Polnische Kiszka z Krwia	193
93. Polnische Wurst	195
94. Geräucherter polnischer Kielbasa	197
95. Portugiesische Linguiça	199
96. Rumänische Rinderwurst	201
97. Rumänische Mititei	203
98. Rumänische Schweine- und Rinderwurst	205
99. Russische Wurst	207
100. Schottische Haggis	209
ABSCHLUSS	**212**

EINFÜHRUNG

Willkommen beim ultimativen Kochbuch zur Wurstherstellung, in dem Sie 100 köstliche Wurstrezepte finden, die Ihre Kochkünste auf die nächste Stufe heben. Egal, ob Sie Anfänger oder erfahrener Koch sind, in diesem umfassenden Ratgeber finden Sie jede Menge Inspiration und hilfreiche Tipps.

Zu jedem Rezept gibt es ein Farbfoto, sodass Sie genau sehen können, wie Ihre Wurst aussehen soll. Außerdem finden Sie eine ausführliche Anleitung zur Zubereitung und Zubereitung der einzelnen Würste sowie Hinweise zur Auswahl der richtigen Zutaten und Geräte.

Von klassischen italienischen Würstchen bis hin zu würzigen Chorizo- und Frühstückswürsten ist in diesem Kochbuch für jeden etwas dabei. Außerdem finden Sie Rezepte für vegetarische Würste, sodass auch diejenigen, die kein Fleisch essen, die köstlichen Aromen und Texturen hausgemachter Würste genießen können

Mit dem Aufkommen der Bewegung der handgefertigten Lebensmittel sind Feinschmecker verrückt nach den rein natürlichen, einzigartig aromatisierten, handgemachten Würsten, die sie überall in Metzgereien finden. Verwenden Sie diesen Leitfaden, um das Handwerk der Wurstherstellung mit feuriger Chorizo, Ahorn-Speck-Frühstückszutaten, rauchiger Bratwurst, cremigem Boding Blanc und dem besten rein natürlichen Sandwich aller Zeiten auf ein ganz neues Niveau zu heben. Dieses umfassende All-in-One-Handbuch heißt eine neue Generation von Fleischliebhabern und Heimwerkern zu einem der befriedigendsten und leckersten kulinarischen Handwerke willkommen.

Viel Spaß beim Wurstmachen!

1. Amerikanische Rinderwurst

ZUTATEN:
- 6 Pfund mageres Rinderhackfleisch
- 2 Teelöffel Salbei
- 3 Teelöffel Salz
- $1\frac{1}{2}$ Teelöffel frisch gemahlener schwarzer Pfeffer
- 1 Teelöffel Cayennepfeffer
- 3 Tassen Semmelbrösel
- 4 Esslöffel Petersilie, gehackt
- 2 geschlagene Eier
- 1 Tasse Wasser

ANWEISUNGEN:
a) Alle Zutaten gründlich vermischen und in Schweinedärme füllen.
b) In kochendes Wasser geben, dabei darauf achten, dass es vollständig mit Wasser bedeckt ist, und etwa eine halbe Stunde kochen lassen.
c) Aus dem Topf nehmen, abkühlen lassen und dann in den Kühlschrank stellen.
d) Zum Servieren das Fleisch in dünne Scheiben schneiden und langsam anbraten, bis es von allen Seiten braun ist.

2. Amerikanische niederländische Wurst aus Pennsylvania

ZUTATEN:
- 5 Pfund grob gehackter Schweinerücken
- ⅓ Tasse Salbei
- 2 Esslöffel gemahlene Nelken
- 3 Esslöffel Koriander
- 2 Esslöffel Salz
- 1 Esslöffel schwarzer Pfeffer
- 1 Tasse kaltes Wasser

ANWEISUNGEN:
a) Alle Zutaten vermischen, gut vermischen und in den Schafsdarm füllen.
b) Zum Kochen, Braten oder Backen.

3. <u>Amerikanische Schweinswurst</u>

ZUTATEN:
- 5 Pfund mittelgroßes Schweinehackfleisch
- 1 Esslöffel Salz
- 2 Esslöffel Salbei
- 2 Teelöffel frisch gemahlener Pfeffer
- 1 Teelöffel gemahlene Nelken
- 2 Teelöffel gemahlene Muskatblüte
- 2 Teelöffel Koriander
- 1 ganze Muskatnuss, gerieben
- 1 Tasse Wasser

ANWEISUNGEN:
a) Alle Zutaten vermischen, gut vermischen und in den Schafsdarm füllen oder zu Pastetchen formen.

4. Amerikanische Rinderwurst

ZUTATEN:

- 5 Pfund mittelgroßes Rinderhackfleisch
- 2 Teelöffel weißer Pfeffer
- 2 Teelöffel gemahlene Muskatnuss
- 2 Teelöffel Salbei
- 2 Esslöffel Zucker
- 4 gepresste Knoblauchzehen
- 2 Esslöffel Salz
- 1 Tasse Wasser

ANWEISUNGEN:

a) Alle Zutaten vermischen, gut vermischen und in den Schafsdarm füllen.

b) Zum Kochen, Backen, Grillen oder Frittieren.

5. Amerikanische kreolische Wurst (Chaurice)

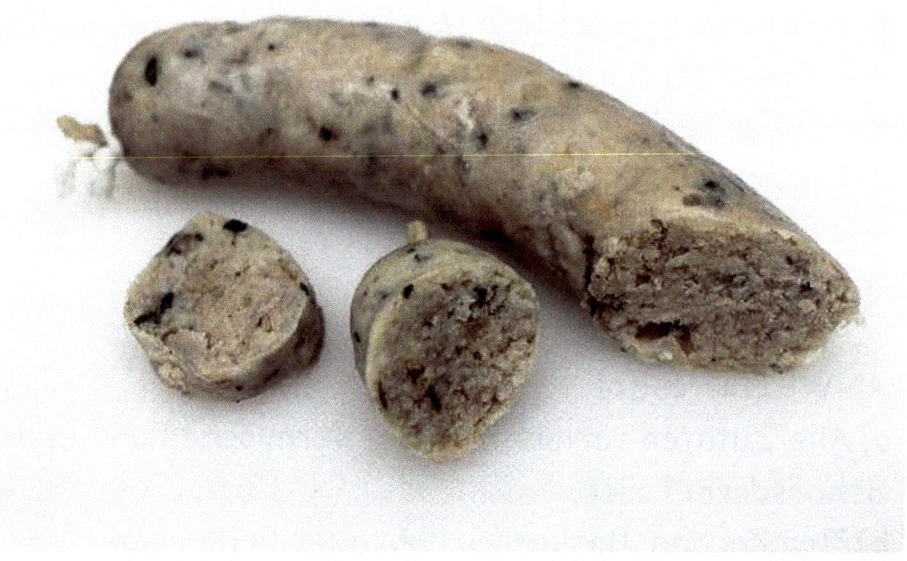

ZUTATEN:
- 5 Pfund grob gehackter Schweinerücken
- 1 Tasse geriebene Zwiebeln
- 8 gepresste Knoblauchzehen
- 1 Esslöffel getrocknete, scharfe, zerkleinerte Paprika
- 3 Teelöffel Cayennepfeffer
- 2 Teelöffel schwarzer Pfeffer
- 1 Teelöffel Piment
- 2 Teelöffel Zucker
- 1 Esslöffel Salz
- 1 Tasse gehackte Petersilie
- 1 Tasse kaltes Wasser

ANWEISUNGEN:
a) Alle Zutaten vermischen, gut vermischen und in den Schweinedarm füllen.
b) Zum Kochen, Grillen, Backen oder Frittieren.

6. Amerikanische Hirsch-Cuckolds

ZUTATEN:

- Hirschmagen
- 3 Unzen Talg
- 1 Zwiebel
- 8 Unzen Wildbret
- 3 Unzen Haferflocken
- Salz Pfeffer

ANWEISUNGEN:

a) Die oben genannten Zutaten vermischen. Hirschmägen waschen und auf links drehen.

b) Füllen Sie den Magen mit der Mischung und binden Sie ihn dann an beiden Enden zusammen. 45 Minuten kochen lassen.

c) Wenn Sie bereit sind, diese ungewöhnliche Wurst zu essen, braten Sie sie etwa 15 Minuten lang in heißem Fett, bis sie braun ist. Heiß servieren.

7. Amerikanische Ingwer-Schweinewurst

ZUTATEN:

- 5 Pfund mittelgroßes Schweinefleisch
- 5 Teelöffel Salz
- 3 Teelöffel schwarzer Pfeffer
- 2 Teelöffel gemahlener Ingwer

ANWEISUNGEN:

a) Alle Zutaten vermischen, gut vermischen und in den Schweinedarm füllen.
b) Zum Kochen in der Pfanne anbraten.

8. Amerikanische Louisiana-Wurst

ZUTATEN:
- 5 Pfund mittelgroßes Schweinefleisch
- 5 Teelöffel Salz
- 2 Teelöffel schwarzer Pfeffer
- $\frac{1}{2}$ Teelöffel Piment
- 2 Teelöffel Thymian
- $1\frac{1}{2}$ Teelöffel Cayennepfeffer
- $1\frac{1}{2}$ Teelöffel Chilischote
- 1 große gehackte Zwiebel
- 4 gepresste Knoblauchzehen
- 1 Tasse kaltes Wasser

ANWEISUNGEN:
a) Alle Zutaten vermengen, gut vermischen und in Schweinedarm füllen oder Pastetchen formen.

9. Amerikanische Norfolkwurst

ZUTATEN:
- 5 Pfund mittelgroßes Rinderhackfleisch
- 1½ Esslöffel Salz
- 2 Tassen geriebener Parmesankäse
- 1½ Esslöffel schwarzer Pfeffer
- 1 Esslöffel Basilikum
- 1 Esslöffel Oregano
- 3 Teelöffel Senfkörner
- 8 gepresste Knoblauchzehen
- 1 kleine geriebene Zwiebel
- 1½ Tassen Rotwein

ANWEISUNGEN:
a) Alle Zutaten vermischen, gut vermischen und in den Schweinedarm füllen.

b) Zum Kochen, Backen oder Grillen (auch langsam grillen).

10. Amerikanische Schweinswurst (kreolische Art)

ZUTATEN:
- 5 Pfund mittelgroßes Schweinehackfleisch
- 2 gehackte große Zwiebeln
- 1 Knoblauchzehe, gehackt
- 3 Teelöffel Salz
- 2 Teelöffel frisch gemahlener Pfeffer
- 1 Teelöffel zerstoßene, getrocknete Chilischote
- 2 Teelöffel Paprika
- $\frac{1}{2}$ Teelöffel Cayennepfeffer
- 2 Esslöffel Petersilie, gehackt
- $\frac{1}{4}$ Teelöffel gemahlener Piment
- $\frac{1}{4}$ Teelöffel Thymian
- $1\frac{1}{2}$ Tassen Wasser

ANWEISUNGEN:
a) Alle Zutaten vermischen, gut vermischen und in den Schafsdarm füllen.
b) Kalt stellen.
c) Zum Garen bei mittlerer Hitze in der Pfanne anbraten, bis es von allen Seiten braun ist, und kochen, bis es durchgegart ist.

11. Amerikanische Schweinswurst

ZUTATEN:
- 5 Pfund mittelgroßes Schweinehackfleisch
- 1 Esslöffel frisch gemahlener schwarzer Pfeffer
- ½ Tasse gemahlener Salbei
- 2 Esslöffel Salz
- 1 Tasse Wasser

ANWEISUNGEN:
a) Alle Zutaten vermischen, gut vermischen und in den Schweinedarm füllen.

b) Würste räuchern, bis die Haut trocken und hart erscheint. Hängen Sie die Wurst bis zur Verwendung an einem trockenen Ort auf.

c) Zum Garen die Würste der Länge nach in der Mitte aufschneiden und langsam grillen, dabei beide Seiten bräunen, bis sie durchgegart sind.

12. Amerikanische Schweine- und Kalbswurst

ZUTATEN:

- 4 Pfund mittelgroßes Schweinefleisch
- 1 Pfund mittelgroßes Hackfleisch
- 2 Tassen Semmelbrösel
- 3 Esslöffel Salz
- 1½ Esslöffel gemahlener Piment
- 1 Teelöffel Thymian
- 1 Teelöffel Salbei
- 1½ Teelöffel schwarzer Pfeffer
- 1 Tasse Wasser

ANWEISUNGEN:

a) Alle Zutaten vermengen, gut vermischen und in Schweine- oder Schafsdarm füllen.

b) Zum Garen in heißem Fett anbraten.

13. Amerikanische Rosmarinwurst

ZUTATEN:
- 1½ Pfund feines Kalbshackfleisch
- 2 Pfund fein gehackter Schweinerücken
- 1½ Pfund feines Rinderhackfleisch
- 2 Teelöffel schwarzer Pfeffer
- 1½ Esslöffel Salz
- 1 Esslöffel Rosmarin
- 1 Teelöffel Muskatnuss
- 1 Teelöffel Thymian
- 1 Teelöffel Majoran
- 1 Tasse Wasser

ANWEISUNGEN:
a) Alle Zutaten vermischen, gut vermischen und in den Schweinedarm füllen.
b) Backen, braten oder grillen.

14. Amerikanische würzige Schweine- und Kalbswurst

ZUTATEN:

- 4 Pfund fein gehackter Schweinerücken
- 1 Pfund feines Kalbshackfleisch
- 1 Tasse Kartoffelmehl
- 4 Tassen Wasser
- 2 Esslöffel Salz
- $1\frac{1}{2}$ Teelöffel weißer Pfeffer
- 2 Esslöffel Zucker
- $\frac{1}{2}$ Teelöffel gemahlene Nelken
- $\frac{1}{2}$ Teelöffel gemahlener Ingwer

ANWEISUNGEN:

a) Alle Zutaten vermischen, gut vermischen und in den Schweinedarm füllen. Mit gleichen Teilen Salz und Zucker bestreuen.

b) Mindestens 24 Stunden im Kühlschrank lagern. Etwa 20 Minuten pochieren, dann grillen oder braten.

15. Amerikanische Wildwurst

ZUTATEN:

- 4 Pfund grob gemahlenes Wildbret
- 1 Pfund fein gemahlener Speck
- 1 Esslöffel Salz
- 1 Esslöffel Salbei
- 1 Teelöffel Piment
- 2 Esslöffel Zucker
- 1 Teelöffel Koriander
- 1½ Teelöffel Senfkörner
- 6 gepresste Knoblauchzehen
- 2 Esslöffel schwarzer Pfeffer
- 1 Tasse kaltes Wasser

ANWEISUNGEN:

a) Alle Zutaten vermischen, gründlich vermischen und in den Schweinedarm füllen.

b) Zum Kochen, Kochen, Backen oder Braten.

16. Armenische Lammwurst

ZUTATEN:
- 5 Pfund mittelgroßes Lammhackfleisch
- 1 Tasse fein gehackte Zwiebel
- 8 gepresste Knoblauchzehen
- 2 Teelöffel schwarzer Pfeffer
- 1 Esslöffel Salz
- ⅔ Tasse frische Minzblätter
- 1 Tasse Wasser

ANWEISUNGEN:
a) Alle Zutaten vermischen, gut vermischen und in den Schafsdarm füllen.
b) Zum Kochen, Grillen oder Grillen.

17. Armenische Wienerwurst

ZUTATEN:
- 3½ Pfund fein gehackter Schweinerücken
- 2½ Pfund feines Rinderhackfleisch
- ¼ Tasse fein gehackte Zwiebeln
- 2 Teelöffel Zucker
- 1 Teelöffel Cayennepfeffer
- 2 Teelöffel Paprika
- 1 Teelöffel gemahlene Muskatblüte
- 1 Esslöffel gemahlener Koriander
- 1½ Esslöffel Salz
- ¼ Tasse Pfeilwurzel
- 1½ Tassen Milch

ANWEISUNGEN:
a) Alle Zutaten vermengen, gut vermischen und erneut durch die feine Klinge der Mühle geben.
b) In den Schafsdarm füllen. Trennen Sie keine Links.
c) In heißes Wasser geben und etwa 45 Minuten köcheln lassen.
d) Herausnehmen, abkühlen und aufbewahren.

18. Bayerische Bockwurst

ZUTATEN:
- 3 Pfund feines Kalbshackfleisch
- 2 Pfund fein gehackter Schweinerücken
- 1½ Tassen Sahne
- ⅓ Tasse gehackter Schnittlauch
- 1 Tasse geriebene Zwiebel
- 1½ Esslöffel weißer Pfeffer
- 1 Esslöffel Salz
- ¾ Teelöffel Muskatnuss
- ½ Teelöffel Muskatblüte
- 1 Tasse Wasser

ANWEISUNGEN:
a) Alle Zutaten vermischen, gut vermischen und in den Schweinedarm füllen.
b) 20 Minuten köcheln lassen, dann braten.

19. Chinesische kantonesische Wurst

ZUTATEN:

- 5 Pfund grob gehackter Schweinerücken
- 1 Esslöffel Salz
- ½ Tasse Honig
- ¼ Tasse Orangensaft
- 2 Esslöffel weißer Essig
- 1 Tasse Sojasauce
- 1 Tasse Reiswein

ANWEISUNGEN:

a) Alle Zutaten vermischen, gut vermischen und in den Schweinedarm füllen.

b) Zum Kochen in Erdnussöl anbraten.

20. Kubanische Wurst

ZUTATEN:
- 5 Pfund grob gehackter Schweinerücken
- 1½ Esslöffel Salz
- 1 Esslöffel schwarzer Pfeffer
- 8 gepresste Knoblauchzehen
- 2 Teelöffel Kreuzkümmel
- 3 Teelöffel Oregano
- ¾ Tasse Annatto oder Paprika
- 2 Tassen Wasser

ANWEISUNGEN:
a) Alle Zutaten vermischen, gut vermischen und in den Schweinedarm füllen.
b) Zum Kochen, Grillen, Grillen oder Frittieren.

21. Dänische Leberwurst

ZUTATEN:

- 4 Pfund fein gemahlene gekochte Schweineleber (gekocht)
- 1 Pfund fein gemahlener Speck
- 2 Tassen gehackte Zwiebeln
- 1½ Tassen Milch
- 1½ Tassen Kondensmilch
- ½ Tasse Kartoffelmehl
- 6 geschlagene Eier
- 3 Teelöffel schwarzer Pfeffer
- 2 Esslöffel Salz
- 1 Teelöffel gemahlene Nelken
- 1 Teelöffel Piment

ANWEISUNGEN:

a) Aus der Milch und dem Kartoffelmehl eine Soße zubereiten und einkochen, bis sie dickflüssig ist.
b) Alle Zutaten vermischen.
c) In Salzwasser etwa 20 Minuten köcheln lassen.
d) Vor der Verwendung 24 Stunden im Kühlschrank lagern.
e) Wurst teilen und wie einen Aufstrich verwenden.

22. Dänische Schweinswurst

ZUTATEN:
- 5 Pfund fein gehackter Schweinerücken
- 5 Teelöffel Salz
- ¼ Teelöffel Piment
- 2 Teelöffel weißer Pfeffer
- ¼ Teelöffel Nelken
- 1 Teelöffel Kardamom
- 1 große gehackte Zwiebel
- 1 Tasse kalte Rinderbrühe

ANWEISUNGEN:
a) Alle Zutaten vermischen, gut vermischen und in den Schweinedarm füllen.

23. Dänische Oxford-Hörner

ZUTATEN:

- 5 Pfund grob gehackter Schweinerücken
- $1\frac{1}{2}$ Esslöffel Salbei
- $1\frac{1}{2}$ Teelöffel Thymian
- $1\frac{1}{2}$ Teelöffel Majoran
- ganze abgeriebene Zitronenschale
- $1\frac{1}{2}$ Teelöffel Muskatnuss
- 4 Teelöffel Salz
- 2 Teelöffel schwarzer Pfeffer
- 3 Eier
- 1 Tasse Wasser

ANWEISUNGEN:

a) Alle Zutaten vermischen, gut vermischen und in den Schweinedarm füllen.

b) Zum Kochen, Braten oder Grillen.

24. Englische Oxford-Wurst

ZUTATEN:

- 2 Pfund fein gehackter Schweinerücken
- 2 Pfund feines Kalbshackfleisch
- 1 Pfund feines Rinderhackfleisch
- ½ Laib frische Sauerteig-Semmelbrösel
- 1½ ganze abgeriebene Zitronenschale
- 1 Teelöffel Thymian
- 1 Teelöffel Salbei
- 1 Teelöffel Bohnenkraut
- 1 Teelöffel Rosmarin
- 1 ganze Muskatnuss, gerieben
- 4 Teelöffel Salz
- 2 Teelöffel Salz
- 2 Teelöffel schwarzer Pfeffer
- 1 Tasse Wasser
- 4 Eier

ANWEISUNGEN:

a) Alle Zutaten vermischen, gut vermischen und in den Schweinedarm füllen.

b) Zum Kochen, Braten oder Grillen.

.

25. Französischer Boudin Blanc De Paris

ZUTATEN:

- 2½ Pfund fein gehackter Schweinerücken
- 2½ Pfund fein gemahlene Hähnchenbrust
- 2 Esslöffel Salz
- 2½ Teelöffel weißer Pfeffer
- 1 Teelöffel Quatre-Epices
- 6 Tassen fein gehackte Zwiebeln
- 1½ Tassen Semmelbrösel, eingeweicht in 1 Tasse heißer Sahne
- 8 Eier

ANWEISUNGEN:

a) Alle Zutaten vermischen, gut vermischen und in den Schweinedarm füllen.

b) Zum Kochen, Braten oder Grillen.

26. Französischer Boudin Blanc Du Mans

ZUTATEN:

- 5 Pfund fein gehackter Schweinerücken
- 2 Esslöffel Salz
- 3 Teelöffel Quatre-Epices
- $1\frac{1}{2}$ Tassen fein gehackte Zwiebeln
- $\frac{3}{4}$ Tasse gehackte Petersilie
- 2 Tassen Sahne
- 4 Eier

ANWEISUNGEN:

a) Alle Zutaten vermischen, gut vermischen und in den Schweinedarm füllen.

b) Zum Kochen, Braten oder Grillen.

27. Französischer Boudin Blanc

ZUTATEN:
- 2½ Pfund fein gehackter Schweinerücken
- 2½ Pfund fein gemahlene Hähnchenbrust
- 2 Esslöffel Salz
- 3 Teelöffel weißer Pfeffer
- 3 Teelöffel Quatre-Epices
- 20 Eier
- 6 Esslöffel Reismehl und 6 Tassen Milch miteinander vermischen – Klumpenbildung vermeiden

ANWEISUNGEN:
a) Alle Zutaten vermischen, gut vermischen und in den Schweinedarm füllen.
b) Zum Kochen, Braten oder Grillen.

28. Französischer Boudin Noir

ZUTATEN:
- 2 Pfund grob gemahlener, gekochter Schweinerücken
- 3 Pints Schweine- oder Rinderblut
- 2 Tassen Röstzwiebeln
- 1 Esslöffel Salz
- 2 Teelöffel schwarzer Pfeffer
- 2 Teelöffel Cayennepfeffer
- 4 gepresste Knoblauchzehen
- $\frac{1}{2}$ Teelöffel gemahlener Piment
- $\frac{1}{2}$ Teelöffel gemahlene Muskatblüte
- $\frac{1}{2}$ Teelöffel gemahlene Nelken
- $\frac{1}{2}$ Teelöffel gemahlene Muskatnuss

ANWEISUNGEN:
a) Alle Zutaten vermischen, gut vermischen und in den Schweinedarm füllen.

b) Zum Kochen die Wurst in lauwarmes Wasser legen und 15 Minuten köcheln lassen.

c) Sie können es auch backen.

29. Französisches Cervelat

ZUTATEN:

- 4 Pfund mittelgroßes Schweinefleisch
- 1 Pfund fein gemahlener Speck
- 1 Tasse gehackte Petersilie
- ¼ Tasse gehackte Frühlingszwiebeln und Gemüse
- 1½ Esslöffel Salz
- 1 Teelöffel Thymian
- 1 Teelöffel Basilikum
- 6 gepresste Knoblauchzehen
- 1 Tasse trockener Weißwein

ANWEISUNGEN:

a) Alle Zutaten vermischen und in die Hülle füllen. 3-4 Tage an einem kühlen Ort aufhängen.

b) Kochen Sie diese Wurst mindestens drei Stunden lang in Rinderbrühe mit Salz, schwarzem Pfeffer, Thymian, Basilikum, Lorbeerblatt, Petersilie und gehackten Frühlingszwiebeln.

30. Französische Hühnerwurst

ZUTATEN:

- 4 Pfund mittelgemahlenes, gekochtes weißes Hühnchen
- 1 Pfund mittelgemahlener gekochter Speck
- 1 Pfund mittelgroße gemahlene gekochte Hühnerleber
- 10 mittelgroße Eier
- 1 Esslöffel Salz
- 1 Teelöffel Muskatnuss
- 1 Teelöffel gemahlene Nelken
- 2 Teelöffel weißer Pfeffer
- 1 Tasse Hühnerbrühe
- 1 Tasse Semmelbrösel

ANWEISUNGEN:

a) Alle Zutaten vermischen, gut vermischen und in den Schafsdarm füllen.

b) Zum Kochen, Grillen, Backen oder Braten in Butter.

31. Französische Landrindwurst

ZUTATEN:
- 4 Pfund mageres Rindfleisch
- 2 Pfund magerer Speck
- $2\frac{1}{2}$ Esslöffel Salz
- 3 Teelöffel frisch gemahlener Pfeffer
- 4 gepresste Knoblauchzehen
- 2 Esslöffel Piment, gehackt
- 1 Tasse Wasser

ANWEISUNGEN:
a) Das Rindfleisch zusammen mit dem Speck mit einem feinen Fleischwolf zerkleinern.
b) Mit den anderen Zutaten gut vermischen und in den Schafsdarm füllen.
c) Sie können alle 4-6 Zoll binden.
d) Im warmen Ofen trocknen oder ganz leicht räuchern.
e) Zum Servieren in kochendem Wasser oder Rinderbrühe ca. 10-12 Minuten pochieren.

32. Französische Brandy-Wurst

ZUTATEN:

- 2 Pfund feines Kalbshackfleisch
- 2 Pfund feines Schweinehackfleisch
- 1 Pfund feines Rinderhackfleisch
- 4 Knoblauchzehen, gepresst
- 1 große gehackte Zwiebel
- 1 Tasse fein gehackte Petersilie
- 5 Teelöffel Salz
- 5 Teelöffel Pfeffer
- 1 Tasse kalifornischer Brandy

ANWEISUNGEN:

a) Alle Zutaten vermengen, gut vermischen und in den Schweinedarm füllen.

b) Mit gleichen Teilen Salz und braunem Zucker bestreuen. Mindestens über Nacht kühl stellen.

c) Zum Kochen und Braten überbrühen.

33. Chorizo nach französischer Art

ZUTATEN:
- 5 Pfund grob gehackter Schweinerücken
- 2 Esslöffel Salz
- 1 Teelöffel Zucker
- 2 gehackte große Paprika
- 1 Teelöffel Quatre-Epices
- 2 Teelöffel Cayennepfeffer
- 4 große gepresste Knoblauchzehen
- 1 Tasse Rotwein

ANWEISUNGEN:
a) Alle Zutaten vermischen, gut vermischen und in den Schweinedarm füllen.
b) Binden Sie alle 6 Zoll. Den Rauch 8-10 Stunden lang leicht abkühlen lassen.
c) Zum Kochen, Braten oder Grillen.

34. Französische Knoblauchwurst

ZUTATEN:
- 5 Pfund mittelgroßes Schweinefleisch
- 1½ Esslöffel Salz
- 1½ Teelöffel schwarzer Pfeffer
- ½ Teelöffel Cayennepfeffer
- ½ Teelöffel Muskatnuss
- ½ Teelöffel Nelken
- ½ Teelöffel Zimt
- 8 gepresste Knoblauchzehen
- ¼ Tasse Brandy
- 1 Tasse Wasser

ANWEISUNGEN:
a) Alle Zutaten vermischen, gut vermischen und in den Schweinedarm füllen.
b) Zum Kochen, Grillen oder Frittieren.

35. Französische Saucisses D'elsass-Lothringen

ZUTATEN:

- 5 Pfund mittelgroßes Schweinefleisch
- 2 Esslöffel Salz
- $\frac{1}{4}$ Teelöffel gemahlener Ingwer
- 1 Teelöffel Zucker
- 1 Teelöffel schwarzer Pfeffer
- 1 Teelöffel Quatre-Epices
- 1 Tasse Weißwein
- 3 Tassen fein gehackte Pilze

ANWEISUNGEN:

a) Alle Zutaten vermischen, gut vermischen und in den Schafsdarm füllen.

b) Binden Sie alle 6 Zoll.

c) Zum Kochen in Butter anbraten.

36. Französische Saucisses Cervelas

ZUTATEN:
- 3 Pfund mittelgroßes Schweinefleisch
- 1 Pfund mittelgroßes Rinderhackfleisch
- 1 Pfund fein gemahlener Speck
- 2 Esslöffel Salz
- 1 Esslöffel schwarzer Pfeffer
- 8 gepresste Knoblauchzehen
- 1 große Zwiebel, gehackt
- 1 Tasse Wasser

ANWEISUNGEN:
a) Alle Zutaten vermischen, gut vermischen und in den Schweinedarm füllen.
b) Binden Sie alle 6 bis 10 Zoll. Wenn Sie möchten, können Sie es auch rauchen.
c) Zum Kochen in heißem Wasser oder Rotwein köcheln lassen.

37. Französische Saucisses De Champagne

ZUTATEN:
- 5 Pfund grob gehackter Schweinerücken
- 2 Esslöffel Salz
- 2 Teelöffel Zucker
- 2 Teelöffel schwarzer Pfeffer
- 2 Teelöffel Quatre-Epices
- 1 Teelöffel Thymian
- 1 Tasse gehackte Petersilie
- $\frac{1}{2}$ Tasse Piment
- 4 gepresste Knoblauchzehen
- 1 Tasse Rotwein

ANWEISUNGEN:
a) Alle Zutaten vermengen, gut vermischen und in einen großen Schafsdarm füllen. Binden Sie alle 6 Zoll.
b) Die Wurst 15-20 Minuten in kochendem Wasser pochieren, dann in Butter anbraten oder grillen.

38. Französische Saucisses au Champagne

ZUTATEN:
- 5 Pfund fein gehackter Schweinerücken
- 2 Esslöffel Salz
- 2½ Teelöffel Quatre-Epices
- 6 frische Eier
- 3 Tassen fein gehackte Pilze
- 1 Flasche Champagner

ANWEISUNGEN:

a) Alle Zutaten vermengen, gut vermischen und in einen großen Schafsdarm füllen.

b) Binden Sie alle 6 Zoll.

c) Die Wurst 15–20 Minuten in kochendem Wasser pochieren, dann in Butter anbraten oder grillen.

39. Französische Saucisses Cuit Au Madère

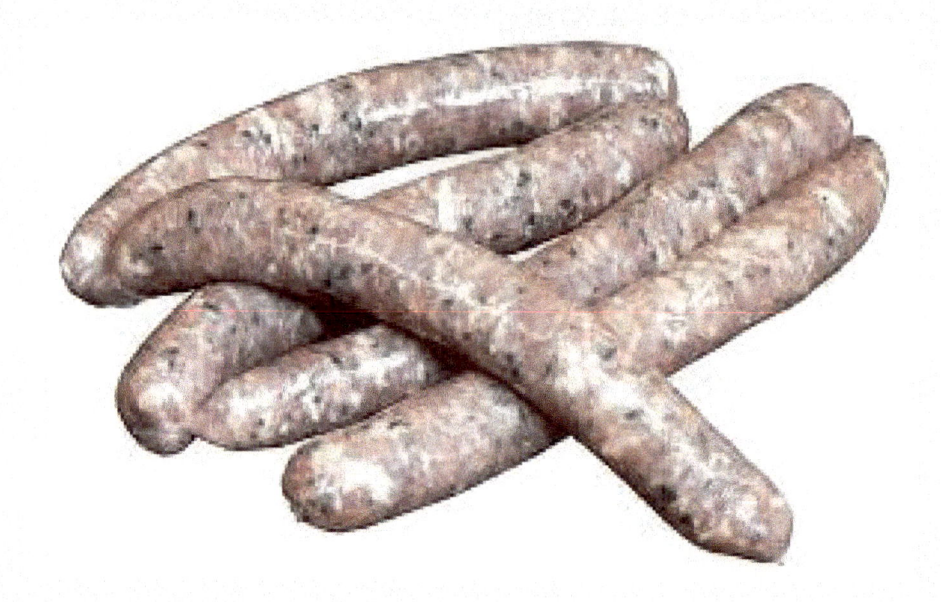

ZUTATEN:
- 5 Pfund fein gehackter Schweinerücken
- 2 Esslöffel Salz
- 1½ Teelöffel Quatre-Epices
- 2 Tassen gehackte Pilze
- 4 Unzen Pistazien, gehackt
- 1 Tasse Madeirawein

ANWEISUNGEN:
a) Alle Zutaten vermischen, gut vermischen und in den Schweinedarm füllen.
b) Binden Sie alle 6 Zoll.
c) 1 Stunde köcheln lassen, abkühlen lassen und im Kühlschrank aufbewahren.
d) Zum Kochen, Backen.

40. Französische Saucisses mit Kreuzkümmel

ZUTATEN:
- 2½ Pfund mittelgroßes Schweinefleisch
- 2½ Pfund feines Rinderhackfleisch
- 4 Esslöffel Salz
- 10 gepresste Knoblauchzehen
- 1 Esslöffel schwarzer Pfeffer
- 2 Esslöffel gehackte Paprika
- 4 Esslöffel gemahlener Kreuzkümmel
- 1 Tasse Wasser

ANWEISUNGEN:
a) Alle Zutaten vermischen, gut vermischen und in den Schweinedarm füllen.
b) Binden Sie alle 5 Zoll. Kühler Rauch für 48 Stunden.
c) Weitere 5 Tage trocknen.
d) Zum Kochen, Braten, Grillen oder Kochen.

41. Französische Saucisses Espagnoles

ZUTATEN:

- 5 Pfund mittelgroßes Schweinefleisch
- 2 Esslöffel Salz
- 3 Esslöffel süße rote Paprika, zerstoßen
- 3 Teelöffel Quatre-Epices
- 2 Teelöffel Cayennepfeffer
- 1 Tasse Rosinen, gehackt
- 1 Tasse Rotwein

ANWEISUNGEN:

a) Alle Zutaten vermischen, gut vermischen und in den Schweinedarm füllen.
b) Binden Sie alle 5 Zoll.
c) Kühlen Sie den Rauch 8–12 Stunden lang.
d) Zum Kochen, Braten oder Grillen.

42. Französische Saucisses De France

ZUTATEN:

- 5 Pfund mittelgroßes Schweinefleisch
- 2 Esslöffel Salz
- 2 Teelöffel Quatre-Epices
- 2 Teelöffel schwarzer Pfeffer
- 1 Tasse gehackte Petersilie
- 1 Teelöffel Salbei
- 1 Teelöffel Thymian
- 1 Tasse Weißwein

ANWEISUNGEN:

a) Alle Zutaten vermischen, gut vermischen und in den Schweinedarm füllen.

b) Alle 10-15 cm abbinden.

c) Eine Stunde pochieren, dann abkühlen lassen. Zum Kochen, Braten oder Grillen.

43. Französische Saucisses Au Foie De Porc

ZUTATEN:
- 3 Pfund mittelgroßes Schweinefleisch
- 2 Pfund Schweineleberpüree
- 1 Pfund sautierte gehackte Zwiebeln
- 2 Esslöffel Salz
- 2 Teelöffel schwarzer Pfeffer
- 2 Teelöffel Quatre-Epices
- 1 Tasse Kirschwasser oder Brandy

ANWEISUNGEN:
a) Alle Zutaten vermischen, gut vermischen und in den Schweinedarm füllen.
b) Alle 10–15 cm abbinden.
c) Eine Stunde pochieren, dann abkühlen lassen. Zum Kochen, Braten oder Grillen.

44. Französische Saucisses Du Perigord

ZUTATEN:

- 5 Pfund mittelgroßes Schweinefleisch
- 2 Esslöffel Salz
- 2 Tassen gehackte Pilze
- oder Trüffel
- 2 Teelöffel Zucker
- 2 Teelöffel schwarzer Pfeffer
- 2 Teelöffel Quatre-Epices
- 1 Tasse Weißwein

ANWEISUNGEN:

a) Alle Zutaten vermischen, gut vermischen und in den Schafsdarm füllen.
b) Alle 5 Zoll abbinden.
c) Zum Kochen in Butter anbraten.

45. Französische Saucisses De Toulouse

ZUTATEN:

- 5 Pfund grob gehackter Schweinerücken
- 2 Esslöffel Salz
- 3 Esslöffel Zucker
- 1 Teelöffel Quatre-Epices
- 1 Tasse Wasser

ANWEISUNGEN:

a) Alle Zutaten vermischen, gut vermischen und in den Schweinedarm füllen.

b) Alle 6-8 Zoll abbinden. Zum Kochen, Braten oder Grillen.

46. Französische Saucisses Viennoises

ZUTATEN:
- 2 Pfund fein gehackter Schweinerücken
- 2 Pfund feines Rinderhackfleisch
- 1 Pfund feines Kalbshackfleisch
- 2 Esslöffel Salz
- 1 Teelöffel Quatre-Epices
- 2 Teelöffel Cayennepfeffer
- 2 Teelöffel Koriander
- 2 Tassen Wasser

ANWEISUNGEN:
a) Alle Zutaten vermengen, gut vermischen und in den Lamm- oder kleinen Schweinedarm füllen.
b) 8-10 Stunden lang kalt räuchern.
c) Zum Kochen, Braten, Grillen oder Kochen.

47. Französischer weißer Hühnerpudding

ZUTATEN:

- 3 Pfund fein gemahlene Hähnchenbrust
- 2 Pfund fein gehackter Schweinerücken
- 1 Tasse gehackte Zwiebeln, in Butter angebraten
- 3 Lorbeerblätter
- 1 Teelöffel Thymian
- 5 Esslöffel Salz
- 1 Teelöffel weißer Pfeffer
- 1 Teelöffel Muskatblüte
- 1 Teelöffel Muskatnuss
- 8 Eier
- 4 Tassen Brühmilch, gekühlt

ANWEISUNGEN:

a) Alle Zutaten vermischen, gut vermischen und in den Schweinedarm füllen.

b) Zum Kochen 20 Minuten köcheln lassen und dann mit Butter bei schwacher Hitze grillen.

48. Deutscher Blutwurst

ZUTATEN:

- 4 Pfund Schweinefett, gewürfelt
- 4 Tassen Zwiebel, gehackt und leicht gehackt
- in Schmalz gebraten
- 4 Teelöffel Salz
- ½ Teelöffel frisch gemahlener schwarzer Pfeffer
- ½ Teelöffel gemahlenes Gewürz
- 2 Tassen Sahne
- 8 Tassen Schweineblut

ANWEISUNGEN:

a) Die oben genannten Zutaten gut vermischen. Etwas locker in die Hülle stopfen.

b) Den Pudding in einen Drahtkorb oder ein ähnliches Gerät geben und in kochendes Wasser tauchen. Hitze reduzieren und 20 Minuten köcheln lassen.

c) Wenn der Pudding an die Wasseroberfläche steigt, stechen Sie mit einer Nadel in die Schale, um Luft abzulassen. Abgießen und im Behälter abkühlen lassen.

d) Zum Servieren den Pudding auf beiden Seiten leicht einschneiden und bei schwacher Hitze langsam braten, dabei darauf achten, dass er von allen Seiten braun wird.

49. Deutscher Blutwurst mit Eiern

ZUTATEN:

- 2 Pfund Schweinefett, gewürfelt und leicht geschmolzen
- 1 Tasse Sahne
- 6 Eier, geschlagen
- 1 Tasse Zwiebel, leicht in Fett angebraten
- 1 Esslöffel Salz
- ½ Teelöffel frisch gemahlener schwarzer Pfeffer
- ½ Teelöffel Piment, gemahlen
- ½ Teelöffel Thymian
- Lorbeerblätter, zerkleinert
- 4 Tassen Schweineblut

ANWEISUNGEN:

a) Die oben genannten Zutaten gut vermischen. In den Schweinedarm füllen, dabei darauf achten, dass die Füllung locker ist, da diese Mischung beim Pochieren aufquillt.

b) Den Pudding in einen Drahtkorb geben und in kochendes Wasser geben.

c) Die Hitze auf knapp unter den Siedepunkt reduzieren und etwa 20 Minuten kochen lassen.

d) Wenn der Pudding an die Oberfläche steigt, stechen Sie ihn mit einer Nadel ein, um Luft abzulassen. Zum Servieren den Pudding aufteilen und bei schwacher Hitze langsam braten, bis er von allen Seiten braun ist.

e) Fügen Sie einen Teelöffel Essig zu einem Liter hinzu. von frischem Blut, um dessen Gerinnung zu verhindern.

50. Deutsche Blut- und Zungenwurst

ZUTATEN:
- 9 Pfund Schweinerückenfett
- 3 Pfund gekochte Schwarte
- 6 Pfund gekochte Schweinezungen
- 2 Pfund Blut
- 7 Unzen Salz
- ¾ Unzen Pfeffer
- ½ Unzen Muskatblüte
- ¼ Unzen Majoran
- ¼ Unzen Zwiebelpulver (optional)

ANWEISUNGEN:
a) Fett würfeln und in kochendem Wasser überbrühen.
b) Geben Sie die gekochten Schwarten zweimal durch die feine Platte der Mühle.
c) Die gekochten, gehäuteten Zungen würfeln.
d) Geben Sie das Blut in einen Behälter mit heißem Wasser, um es etwas zu erhitzen.
e) Das Wasser vom Schweinefett abseihen und alle Zutaten miteinander vermischen. Sie sollten während des Mischvorgangs möglichst heiß sein.
f) In einen Ochsendarm (vorzugsweise) füllen, in kochendes Wasser tauchen und die Hitze auf 180 °F reduzieren. Je nach Größe der Würste 3–4 Stunden kochen.
g) Fügen Sie einen Teelöffel Essig pro Liter frischem Blut hinzu, damit es nicht gerinnt.

51. Deutsche Bockwurst

ZUTATEN:
- 4½ Pfund feines Kalbshackfleisch
- ½ Pfund fein gemahlenes Schweinefett
- ¾ Tasse fein gehackte Zwiebeln
- 3 Tassen Milch
- 3 Eier
- 2½ Teelöffel gemahlene Nelken
- 1½ Teelöffel weißer Pfeffer
- 3 Teelöffel fein gehackte Petersilie
- 3 Teelöffel Salz

ANWEISUNGEN:
a) Alle Zutaten vermengen, gut vermischen und erneut durch die feine Klinge der Mühle geben.
b) In den Schweinedarm füllen.

52. Deutscher Braunschweiger

ZUTATEN:

- 2½ Pfund fein gemahlene gekochte Schweineleber (gekocht)
- 2½ Pfund fein gemahlener, gekochter Schweinerücken (gekocht)
- 2 Esslöffel Salz
- 1 Tasse geriebene Zwiebeln
- 1 Esslöffel Zucker
- 2 Teelöffel weißer Pfeffer
- 2 Teelöffel gemahlene Nelken
- ½ Teelöffel gemahlener Ingwer
- 2 Teelöffel gemahlene Muskatnuss
- ½ Teelöffel gemahlener Majoran
- ¼ Teelöffel Salbei
- ¼ Teelöffel Piment
- 1 Tasse Wasser zum Kochen von Fleisch

ANWEISUNGEN:

a) Alle Zutaten mischen, glatt und pastös rühren und in Rinder-, Schweine- oder Stoffdarm füllen.
b) In Salzwasser etwa 20 Minuten köcheln lassen.
c) Vor der Verwendung 24 Stunden im Kühlschrank lagern.
d) Diese Wurst ähnelt stark der Leberwurst. Verwenden Sie es als Brotaufstrich.

53. Deutsche Bratwurst

ZUTATEN:
- 4 Pfund fein gehackter Schweinerücken
- 2 Pfund feines Kalbshackfleisch
- $\frac{1}{2}$ Teelöffel gemahlener Piment
- 1 Teelöffel Kümmel
- 1 Teelöffel getrockneter Majoran
- $1\frac{1}{2}$ Teelöffel weißer Pfeffer
- 3 Teelöffel Salz
- 1 Tasse kaltes Wasser

ANWEISUNGEN:
a) Alle Zutaten vermengen, gut vermischen und erneut durch die feine Klinge der Mühle geben.
b) In den Schweinedarm füllen.

54. Deutsche Frankfurter (Wiener)

ZUTATEN:

- 3 Pfund feines Rinderhackfleisch
- 2 Pfund fein gehackter Schweinerücken
- 2 Teelöffel weißer Pfeffer
- 1 Teelöffel gemahlener Koriander
- 1 Teelöffel gemahlener Ingwer
- 1 Teelöffel gemahlene Muskatblüte
- 4 gepresste Knoblauchzehen
- 1½ Esslöffel Salz
- 1½ Tassen Wasser

ANWEISUNGEN:

a) Alle Zutaten vermischen, gut vermischen und in den Schafsdarm füllen.

b) 2 bis 3 Stunden lang bei 115 °F räuchern oder bis eine satte orange Farbe erreicht ist.

c) Dann in auf 160–170 °F erhitztem Wasser kochen, bis die Frankfurter Würstchen schwimmen.

55. Deutsche Frankfurter (Wienerwurst)

ZUTATEN:
- 3½ Pfund fein gehackter Schweinerücken
- 1½ Pfund feines Rinderhackfleisch
- ¾ Tasse fein gehackte Zwiebeln
- 3 gepresste Knoblauchzehen
- 2 Teelöffel gemahlener Koriander
- ½ Teelöffel Majoran
- ½ Teelöffel gemahlene Muskatblüte
- ¾ Teelöffel gemahlener Senf
- 2 Teelöffel Paprika
- 2 Teelöffel weißer Pfeffer
- 2 Eiweiß
- 1 Esslöffel Zucker
- 1 Esslöffel Salz
- ½ Tasse Milch
- 1 Tasse kaltes Wasser

ANWEISUNGEN:
a) Alle Zutaten außer dem Fleisch pürieren.
b) Gut vermischen und erneut durch die feine Klinge der Mühle geben.
c) Fügen Sie der Mischung Fleisch hinzu und füllen Sie es in einen kleinen Schweins- oder Schafsdarm.
d) Vorkochen (ohne sie zu trennen) in kochendem Wasser etwa 20 Minuten lang.
e) In Eiswasser legen, herausnehmen und aufbewahren.

56. Deutsche Gehirnwurst

ZUTATEN:

- 2½ Pfund Schweinehirn (in gesalzenem, angesäuertem Wasser gekocht)
- 2½ Pfund grobes Schweinehackfleisch
- 2 Esslöffel Salz
- 1 Esslöffel Pfeffer
- 2 Teelöffel Muskatblüte
- 1 Tasse Wasser

ANWEISUNGEN:

a) Schweinehirne kochen, bis sie fertig sind.

b) Alle Zutaten vermischen, gut vermischen und in den Schweinedarm füllen.

c) Zum Kochen in kochendem Wasser pochieren oder braten oder backen.

57. Deutsche Knackwurst

ZUTATEN:
- 4 Pfund mittelgroßes Schweinehackfleisch
- 2 Pfund Rindfleisch
- 3 Esslöffel Salz
- 1½ Esslöffel Kreuzkümmel
- 1 Esslöffel Knoblauchpulver
- 1 Tasse Wasser

ANWEISUNGEN:
a) Alle Zutaten vermischen und in den Schweinedarm füllen.

b) 2 Tage im Kühlschrank trocknen lassen, dann kühl räuchern, bis die Würste eine bernsteinfarbene Farbe annehmen.

c) 10 Minuten pochieren, dann in Butter anbraten, bis es schön gebräunt ist.

58. Deutsche Königswurst

ZUTATEN:

- 2½ Pfund grob gemahlenes Hühnerfleisch
- 2½ Pfund Rebhuhnfleisch
- ¾ Tasse Champignons, gehackt
- 2 Eier
- 2 Esslöffel Salz
- 2 Teelöffel Pfeffer
- 2 Teelöffel Muskatblüte
- 1 Tasse Rheinwein

ANWEISUNGEN:

a) Alle Zutaten vermengen, gut vermischen und in den Schafsdarm geben.

b) Zum Kochen, Braten, Grillen oder Backen, bis es von allen Seiten schön goldbraun ist.

59. Deutsche Klopfwurst

ZUTATEN:

- 3 Pfund feines Rinderhackfleisch
- 2 Pfund fein gehackter Schweinerücken
- 2 Esslöffel Salz
- 2 Teelöffel Zucker
- $2\frac{1}{2}$ Esslöffel weißer Pfeffer
- 2 Teelöffel Muskatblüte
- $\frac{1}{4}$ Teelöffel gemahlener Piment
- $\frac{1}{2}$ Teelöffel Koriander
- 1 Esslöffel Paprika
- 4 gepresste Knoblauchzehen
- 1 Tasse Wasser

ANWEISUNGEN:

a) Alle Zutaten vermischen, gut vermischen und in den Schweinedarm füllen.

b) Zum Kochen, Backen oder Braten.

60. Deutsche Leberwurst

ZUTATEN:

- 2½ Pfund fein gemahlene gekochte Schweineleber (gekocht)
- 2½ Pfund fein gemahlener, gekochter Schweinerücken (gekocht)
- 2 Esslöffel Salz
- 1 Tasse geriebene Zwiebeln
- 1 Esslöffel Zucker
- 2¼ Teelöffel weißer Pfeffer
- ½ Teelöffel gemahlener Salbei
- ½ Teelöffel Majoran
- ½ Teelöffel gemahlene Muskatnuss
- ¼ Teelöffel gemahlener Ingwer
- 1 Tasse Wasser zum Kochen von Fleisch

ANWEISUNGEN:

a) Alle Zutaten mischen, glatt und pastös rühren und in Rinder-, Schweine- oder Stoffdarm füllen.
b) In Salzwasser etwa 20 Minuten köcheln lassen.
c) Vor der Verwendung 24 Stunden im Kühlschrank lagern. Als Brotaufstrich verwenden.

61. Deutsche Mettwurst

ZUTATEN:
- 3 Pfund fein gemahlener, gekochter Schweinerücken (gekocht)
- 2 Pfund fein gemahlene gekochte Schweineleber (gekocht)
- 1 Esslöffel Salz
- 3 Teelöffel weißer Pfeffer
- 3 Teelöffel Koriander
- 1 Tasse Wasser zum Kochen von Fleisch

ANWEISUNGEN:
a) Alle Zutaten mischen, glatt und pastös rühren und in Schweine-, Rinder- oder Stoffdarm füllen.
b) In Salzwasser etwa 20 Minuten köcheln lassen.
c) Vor der Verwendung 24 Stunden im Kühlschrank lagern.
d) Verwenden Sie es als Brotaufstrich.

62. Deutsches Metz

ZUTATEN:
- 4 Pfund feines Rinderhackfleisch
- 1 Pfund fein gemahlener Speck
- 1 Esslöffel schwarzer Pfeffer
- 1 Teelöffel gemahlener Koriander
- 1 Esslöffel Salz
- 1 Tasse Rheinwein

ANWEISUNGEN:
a) Alle Zutaten vermischen, gut vermischen und in den Schweinedarm füllen.
b) In 6-Zoll-Längen abbinden.
c) Kalter Rauch für 24 Stunden. Zum Kochen, Braten oder Backen.

63. Deutsche Schwäbischewurst

ZUTATEN:

- 5 Pfund fein gehackter Schweinerücken
- 2 Esslöffel Salz
- 3 Teelöffel schwarzer Pfeffer
- 3 Teelöffel Zucker
- 6 gepresste Knoblauchzehen
- 2 Esslöffel Kümmel
- 1 Tasse kaltes Wasser

ANWEISUNGEN:

a) Alle Zutaten vermischen, gründlich vermischen und in den Schweinedarm füllen.

b) Zum Kochen zum Kochen bringen und etwa 40 Minuten köcheln lassen.

c) Backen, braten oder so essen, wie es ist.

64. Deutsches Würstchen

ZUTATEN:
- 3 Pfund mittelgroßes Schweinefleisch
- 2 Pfund mittelgroßes Hackfleisch
- 2 Esslöffel Salz
- 2 Esslöffel schwarzer Pfeffer
- 2 Esslöffel Piment
- 2 Teelöffel Kardamom
- 1 Tasse Rheinwein

ANWEISUNGEN:
a) Alle Zutaten vermischen, gut vermischen und in den Schafsdarm füllen.
b) Etwa 5 Minuten pochieren und dann grillen.

65. Griechische Loukanika-Wurst

ZUTATEN:

- 5 Pfund grob gehackter Schweinerücken
- 3 Teelöffel Salz
- 7 gepresste Knoblauchzehen
- 1 Esslöffel Thymian
- 1 Esslöffel Majoran
- 1½ Teelöffel gemahlener Piment
- 1½ Teelöffel Koriander
- 1 Teelöffel zerdrücktes Lorbeerblatt
- 1½ Esslöffel geriebene Orangenschale
- 1 Tasse Rotwein

ANWEISUNGEN:

a) Alle Zutaten vermischen, gut vermischen und in den Schweinedarm füllen oder Pastetchen formen.

66. Griechische Orangenwurst

ZUTATEN:

- 3 Pfund fein gehackter Schweinerücken
- 2 Pfund feines Rinderhackfleisch
- 3 gepresste Knoblauchzehen
- 1 große Orange
- 1 Esslöffel Zimt
- 1 Esslöffel Piment
- 1 Esslöffel schwarzer Pfeffer
- 1 Esslöffel Salz
- 1 Tasse Weißwein

ANWEISUNGEN:

a) Knoblauch, Orangenschale, Zimt, Piment, Pfeffer, Salz und Wein vermischen.
b) Im Mixer mixen, bis die Orangenschale fein gehackt ist.
c) Gut unter das Fleisch mischen und in Schweinedarm füllen oder Pastetchen formen.

67. Griechische Schweinswurst

ZUTATEN:

- 5 Pfund mittelgroßes Schweinefleisch
- 1 große fein gehackte Zwiebel
- 6 gepresste Knoblauchzehen
- 2 Teelöffel schwarzer Pfeffer
- 2 Teelöffel Oreganoblätter
- $\frac{3}{4}$ Teelöffel Cayennepfeffer
- $\frac{3}{4}$ Teelöffel Chilipulver
- $\frac{3}{4}$ Teelöffel Piment
- $\frac{3}{4}$ Teelöffel Thymian
- 2 Lorbeerblätter
- $\frac{1}{2}$ Tasse gehackte Petersilie
- 1 Tasse Wasser

ANWEISUNGEN:

a) Alle Zutaten vermischen, gut vermischen und in den Schweinedarm füllen.

b) Zum Kochen, Backen oder Braten.

68. Griechische Blutwurst

ZUTATEN:
- 5 Pfund grob gemahlener, gekochter Schweinerücken (gekocht)
- 2 Esslöffel Salz
- 1 Tasse geriebene Zwiebel
- 1 Esslöffel schwarzer Pfeffer
- $\frac{1}{2}$ Teelöffel gemahlener Majoran
- $\frac{1}{2}$ Teelöffel gemahlener Thymian
- $\frac{1}{2}$ Teelöffel Muskatblüte
- $\frac{1}{2}$ Teelöffel gemahlene Nelken
- 1 qt. Schweineblut

ANWEISUNGEN:
a) Alle Zutaten vermischen, gut vermischen und in den Schweinedarm füllen.
b) Zum Garen die Wurst in lauwarmes Wasser legen und 15 Minuten köcheln lassen.
c) Fügen Sie einen Teelöffel Essig pro Liter frischem Blut hinzu, damit es nicht gerinnt.

69. Ungarische Fischwurst

ZUTATEN:
- 4 weiße Brötchen
- 2 Tassen Milch
- 5 Pfund Fischfilet
- 8 Eier
- 4 Esslöffel Petersilie
- 2 Teelöffel Salz
- 1 Teelöffel Pfeffer

ANWEISUNGEN:

a) Brötchen in Milch einweichen, ausdrücken, zerkleinern, mit Fisch, Eiern, Petersilie, Salz und Pfeffer vermischen und in den Schafsdarm füllen.

b) Wurst braten oder grillen.

70. Der Ungar Hazi Kolbasz

ZUTATEN:
- 5 Pfund mittelgroßes Schweinehackfleisch
- 4 Knoblauchzehen
- 2 Esslöffel Salz
- 2 Teelöffel schwarzer Pfeffer
- 1½ Esslöffel Paprika
- ½ Teelöffel gemahlene Nelken
- 1 Zitronenschale
- 1 Tasse Wasser

ANWEISUNGEN:
a) Alle Zutaten vermischen und in den Schweinedarm füllen.
b) Etwa 1 Stunde bei 350 °F backen.

71. Ungarische Hurka

ZUTATEN:

- 4 Pfund Schweinebutt
- 2 Pfund Schweineherz
- 1 Pfund Schweinebacke
- 1 Pfund Schweineleber
- $\frac{1}{4}$ Tasse Salz
- 1 Esslöffel schwarzer Pfeffer
- $\frac{1}{8}$ Teelöffel gemahlener Majoran
- 1 große Zwiebel in $\frac{1}{4}$ Tasse Schmalz gebraten
- 5 Pfund gekochter Reis

ANWEISUNGEN:

a) Fleisch mit der groben Klinge kochen und zerkleinern. 1 Tasse Saft vom gekochten Fleisch hinzufügen.

b) Alles vermischen und in den Schweinedarm füllen. In kochendes Wasser geben. 1 Minute kochen lassen, herausnehmen und später backen.

72. Ungarischer Kolbasz

ZUTATEN:

- 12 Pfund grobes Schweinehackfleisch
- 6 große Knoblauchzehen
- $\frac{1}{4}$ Tasse Salz
- 2 Esslöffel schwarzer Pfeffer
- 3 Esslöffel Paprika
- 1 Teelöffel Cayennepfeffer
- 1 Tasse Wasser

ANWEISUNGEN:

a) Knoblauch in Wasser kochen und dann zerdrücken.
b) Flüssigkeit und Knoblauch zu den anderen Zutaten hinzufügen und vermischen.
c) In den Schweinedarm füllen.

73. Ungarische Majas Hurka (Heiße Leberwurst)

ZUTATEN:
- 1 Pfund Schweinerücken
- 2 Pfund Schweineleber
- 2 Pfund Schweinelungen
- 2 Esslöffel Salz
- 1 Tasse ungekochter Reis
- 2½ Tassen Rinderbrühe (Bouillon)
- 2 große Zwiebeln
- ½ Pfund Schmalz
- 1 Esslöffel Pfeffer
- 1 Teelöffel Majoran

ANWEISUNGEN:
a) Kochen Sie den Hintern, die Leber und die Lunge des Schweins zusammen mit 1 Esslöffel Salz.

b) Reis in Rinderbrühe kochen und Zwiebeln anbraten, bis sie weich sind.

c) Alle Zutaten außer dem Reis vermischen und durch den feinen Teller der Mühle geben.

d) Reis hinzufügen, gut vermischen und in den Schweinedarm füllen. Zum Kochen kochen Sie die Wurst 10 Minuten lang und braten oder backen Sie sie dann.

74. Irische Wurst

ZUTATEN:
- 5 Pfund grob gehackter Schweinerücken
- 5 Tassen Semmelbrösel
- 4 Eier, leicht geschlagen
- 8 gepresste Knoblauchzehen
- 1 Esslöffel Salz
- 3 Teelöffel Thymian
- 3 Teelöffel Basilikum
- 3 Teelöffel Rosmarin
- 3 Teelöffel Majoran
- 3 Teelöffel schwarzer Pfeffer
- 2 Tassen Wasser

ANWEISUNGEN:
a) Alle Zutaten vermischen, gut vermischen und in den Schafsdarm füllen.
b) Zum Kochen in Butter oder Öl anbraten.

75. Irisches Bologna

ZUTATEN:

- 3 Pfund Rinderfutter
- 2 Pfund Schweinebutt
- 2 Esslöffel Salz
- 1 Esslöffel weißer Pfeffer
- 4 gepresste Knoblauchzehen
- $\frac{1}{2}$ Teelöffel gemahlener Koriander
- $\frac{1}{2}$ Teelöffel gemahlener Ingwer
- $\frac{1}{2}$ Teelöffel gemahlener Senf
- $\frac{1}{2}$ Teelöffel gemahlene Muskatnuss
- 2 Tassen Wasser

ANWEISUNGEN:

a) Das Rindfleisch mit der Hälfte des Salzes auf einem groben Mahlteller zerkleinern und etwa 48 Stunden im Kühlschrank ruhen lassen.

b) Verwenden Sie die andere Hälfte des Salzes, wenn Sie Schweinefleisch durch die grobe Mahlplatte geben, und lassen Sie es über Nacht pökeln.

c) Das gepökelte Rindfleisch erneut auf einem feinen Teller zerkleinern, dann das Schweinefleisch hinzufügen und die Mischung erneut zerkleinern. Gewürze und Wasser hinzufügen und kräftig rühren, bis die gesamte Masse klebrig ist. Es kann 30–40 Minuten dauern, bis diese Konsistenz erreicht ist.

d) Füllen Sie die Wurst in Rinderhüllen oder Musselinbeutel und hängen Sie sie über Nacht an einem kühlen Ort auf.

e) Bei etwa 115 °F 2 Stunden lang räuchern, bis ein sattes Mahagonibraun entsteht.

f) Legen Sie die heiße, frisch geräucherte Wurst sofort in etwa 70 °C heißes Wasser und kochen Sie sie, bis sie quietscht, wenn der Druck von Daumen und Finger auf die Hülle plötzlich nachlässt.

g) Die übliche Garzeit für mit Rinderdarm gefüllte Wurst beträgt 15–30 Minuten, für größere Därme 60–90 Minuten.

h) Die Brühwurst in kaltes Wasser tauchen und abkühlen lassen. An einem kühlen Ort aufhängen.

76. Italienische gekochte Salami

ZUTATEN:
- 2½ Pfund feines Rinderhackfleisch
- 2½ Pfund fein gehackter Schweinerücken
- 3 Esslöffel Salz
- 5 Esslöffel Honig
- 1 Esslöffel schwarzer Pfeffer
- 3 Teelöffel ganzer schwarzer Pfeffer
- 1 Esslöffel Kardamom
- 10 gepresste Knoblauchzehen
- 1 Tasse trockene, fettfreie Milch
- 1 Tasse Wasser

ANWEISUNGEN:
a) Alle Zutaten vermischen, gut vermischen und 24 Stunden im Kühlschrank lagern.
b) In Zellulose- oder Faserdarm füllen. Kühlen Sie den Rauch 1-2 Stunden lang oder bis die Hülle trocken ist.
c) Erhöhen Sie die Temperatur der Räucherkammer schrittweise auf 160-165 °F.
d) Leicht räuchern, bis eine Innentemperatur von 140 °F erreicht ist.
e) Die Wurst in kaltem Wasser abkühlen lassen und 2-3 Stunden bei Zimmertemperatur aufhängen.
f) Kalt stellen.

77. Italienischer Cotechino

ZUTATEN:

- 5 Pfund grob gemahlener frischer Schinken mit Haut
- 2 Esslöffel Salz
- 1⅓ Esslöffel grober schwarzer Pfeffer
- 2 Teelöffel gemahlene Muskatnuss
- 2 Teelöffel gemahlener Zimt
- 2 Teelöffel Cayennepfeffer
- ½ Tasse Parmesankäse
- 1 Teelöffel gemahlene Nelken
- 1 Tasse kaltes Wasser

ANWEISUNGEN:

a) Alle Zutaten vermischen, gut vermischen und in den Schweinedarm füllen.

b) Vor dem Verzehr oder Einfrieren zwei Tage im Kühlschrank ruhen lassen.

78. Italienische Luganega

ZUTATEN:

- 5 Pfund fein gehackter Schweinerücken
- 1½ Tassen geriebener Parmesankäse
- ⅔ Teelöffel gemahlene Muskatnuss
- ⅔ Teelöffel gemahlener Koriander
- ½ Teelöffel abgeriebene Zitronenschale
- ½ Teelöffel abgeriebene Orangenschale
- 1¼ Teelöffel schwarzer Pfeffer
- 2 gepresste Knoblauchzehen
- 1 Esslöffel Salz
- 1 Tasse trockener Wermut

ANWEISUNGEN:

a) Alle Zutaten vermischen, gut vermischen und in den Schweinedarm füllen.

b) Vor dem Einfrieren 1 bis 2 Tage im Kühlschrank stehen lassen.

79. Italienische Pfefferwurst

ZUTATEN:

- 4½ Pfund grobes Schweinehackfleisch
- 1½ Pfund gesalzenes Schweinefleisch
- 1 Knoblauchzehe
- 1 Zwiebel, geviertelt
- 1½ Esslöffel frisch gemahlener schwarzer Pfeffer
- 2 Esslöffel Salz
- 4 Esslöffel Paprika
- 4 Teelöffel Fenchel
- 2 Esslöffel zerstoßener roter Pfeffer, getrocknet
- ¼ Teelöffel Thymian
- ½ Teelöffel Lorbeerblatt, zerdrückt
- ¼ Teelöffel Koriander
- 1 Tasse Rotwein

ANWEISUNGEN:

a) Alle Zutaten vermischen, gut vermischen und in den Schweinedarm füllen.

b) Sie können es der Länge nach aufteilen und bei mittlerer Hitze braten oder in der Pfanne braten, bis es von allen Seiten braun und durchgegart ist.

80. Italienische Wurst

ZUTATEN:

- 5 Pfund grob gehackter Schweinerücken
- 1 Esslöffel Salz
- 1 Esslöffel grober schwarzer Pfeffer
- 5 gepresste Knoblauchzehen
- 1 Esslöffel Fenchelsamen
- 1 Teelöffel Anissamen
- 1 Tasse kaltes Wasser

ANWEISUNGEN:

a) Fügen Sie 1 Esslöffel zerstoßene scharfe Paprika hinzu, um die Wurst schärfer zu machen.

b) Alle Zutaten vermengen, gut vermischen und in Schweinedarm füllen oder Pastetchen formen.

81. <u>Italienische Wurst (scharf)</u>

ZUTATEN:

- 5 Pfund grob gehackter Schweinerücken
- 2 Esslöffel Salz
- 2 Teelöffel Fenchelsamen
- 2 Teelöffel Zucker
- 1 Esslöffel zerstoßene scharfe Paprika
- ½ Teelöffel Kümmel
- 2 Teelöffel Koriander
- 1 Tasse Wasser

ANWEISUNGEN:

a) Alle Zutaten vermischen, gut vermischen und in den Schweinedarm füllen.

b) Zum Kochen, Braten oder Backen.

82. Italienische Wurst (süß)

ZUTATEN:

- 5 Pfund grob gehackter Schweinerücken
- 3 Teelöffel Fenchelsamen
- 2 Teelöffel weißer Pfeffer
- 1½ Teelöffel Salbeiblätter
- 5 gepresste Knoblauchzehen
- 3 Teelöffel Salz
- 1 Tasse Weißwein

ANWEISUNGEN:

a) Alle Zutaten vermengen, gut vermischen und in Schweinedarm füllen oder Pastetchen formen.

83. Italienische Wurst (süß oder scharf)

ZUTATEN:

- 5 Pfund grob gehackter Schweinerücken
- 1⅓ Esslöffel Salz
- 1½ Esslöffel grob gemahlener schwarzer Pfeffer
- 1⅓ Esslöffel gemahlener Koriander
- 5 gepresste Knoblauchzehen
- 2 Esslöffel Paprika
- 1 Tasse kaltes Wasser

ANWEISUNGEN:

a) Fügen Sie für die scharfe Wurst 2 Teelöffel zerstoßene rote Paprika hinzu.

b) Alle Zutaten vermengen, gut vermischen und in Schweinedarm füllen oder Pastetchen formen.

84. Italienische Chorizo

ZUTATEN:

- 5 Pfund grob gehackter Schweinerücken
- ½ Tasse Rotweinessig
- 1 große gehackte Zwiebel
- 5 gepresste Knoblauchzehen
- 1 Esslöffel Salz
- 3 Teelöffel brauner Zucker
- 1½ Teelöffel Kreuzkümmel
- ½ Teelöffel Koriander
- 1 Teelöffel getrocknete Minzblätter
- 1 Esslöffel Oregano
- 1 Teelöffel Basilikum
- 3 Esslöffel Chilipulver
- 1 Tasse Wasser

ANWEISUNGEN:

a) Alle Zutaten vermischen, gut vermischen und in den Schweinedarm füllen.

85. Mexikanische Sonora-Chorizo

ZUTATEN:

- 5 Pfund grob gehackter Schweinerücken
- 6 gepresste Knoblauchzehen
- 1 kleine gewürfelte Zwiebel
- 2 Esslöffel Piment
- 2 Esslöffel Chilipulver (oder mehr)
- $\frac{1}{4}$ Tasse Brandy
- $\frac{1}{4}$ Tasse Essig
- 1 Teelöffel schwarzer Pfeffer
- $\frac{1}{2}$ Teelöffel Zimt
- $1\frac{1}{2}$ Teelöffel Kreuzkümmel
- $1\frac{1}{2}$ Esslöffel Salz
- 1 Tasse Wasser

ANWEISUNGEN:

a) Alle Zutaten vermischen, gut vermischen und in den Schweinedarm füllen.

86. Mexikanische Chorizo

ZUTATEN:

- 5 Pfund grob gehackter Schweinerücken
- 5 Teelöffel Salz
- 2 Teelöffel schwarzer Pfeffer
- 1 Esslöffel Chilipulver
- 2 Teelöffel zerstoßene Peperoni, getrocknet
- 2 Teelöffel gemahlener Kreuzkümmel
- 2 Esslöffel Paprika
- 2 große gehackte Zwiebeln
- 8 gepresste Knoblauchzehen
- 1 Tasse kaltes Wasser

ANWEISUNGEN:

a) Alle Zutaten vermengen, gut vermischen und in Schweinedarm füllen oder Pastetchen formen. Und in Schweinedarm füllen oder Pastetchen formen.

b) Warten.

87. Mexikanische/spanische Lammwurst

ZUTATEN:
- 5 Pfund grobes Lammhackfleisch
- 1¾ Tassen gehackte Petersilie
- 1¾ Tassen gehackte Zwiebel
- 2 Teelöffel Majoran
- ½ Teelöffel Kreuzkümmel
- 1½ Teelöffel Koriander
- 2 Teelöffel Oregano
- 3 Teelöffel Cayennepfeffer
- 3 Teelöffel schwarzer Pfeffer
- 1 Esslöffel Salz
- 1 Tasse kaltes Wasser

ANWEISUNGEN:
a) Alle Zutaten vermischen, gut vermischen und in den Schafsdarm füllen.

b) Zum Kochen, Grillen, Grillen (sehr schön) oder Backen.

88. Norwegische Wurst

ZUTATEN:
- 3 Pfund grobes Rinderhackfleisch
- 2 Pfund grob gehackter Schweinerücken
- 1½ Esslöffel Salz
- 4 mittelgroße Zwiebeln, gerieben
- 1 Esslöffel schwarzer Pfeffer
- 2½ Teelöffel Muskatnuss
- 1 Tasse kaltes Wasser

ANWEISUNGEN:
a) Alle Zutaten vermischen, gut vermischen und in den Schweinedarm füllen.
b) Zum Kochen, Backen oder Braten.

89. Polnische Blutwurst

ZUTATEN:

- 2½ Pfund grob gehackter Schweinerücken
- 2 Liter Schweineblut
- 2½ Tassen gekochter Reis oder Gerste
- 1 Teelöffel Ingwer
- 1½ Teelöffel schwarzer Pfeffer
- 1½ Teelöffel Piment
- 1 Esslöffel Salz
- 3 gepresste Knoblauchzehen
- 2 Teelöffel Backpulver

ANWEISUNGEN:

a) Alle Zutaten vermischen, gut vermischen und in den Schweinedarm füllen. Zum Garen 1 Stunde bei etwa 180 °C backen.

b) Fügen Sie einen Teelöffel Essig pro Liter frischem Blut hinzu, damit es nicht gerinnt.

90. Polnische Kielbasa

ZUTATEN:
- 5 Pfund grobes Schweinehackfleisch
- 2 Esslöffel Salz
- 1½ Teelöffel Pfeffer
- 1 Teelöffel Majoran
- 3 Knoblauchzehen, fein gehackt
- 1 Tasse Wasser

ANWEISUNGEN:

a) Alle Zutaten vermischen, gut vermischen und in den Schweinedarm füllen.

b) Zum Garen teilweise abdecken und 1½ Stunden köcheln lassen.

91. Polnische Kiszka

ZUTATEN:
- 3 Pfund grob gemahlener, gekochter Schweinerücken
- 2 Pfund gekochter Buchweizen
- ½ Teelöffel Majoran
- 1 Esslöffel Salz
- 1 Esslöffel schwarzer Pfeffer

ANWEISUNGEN:
a) Alle Zutaten vermischen, gut vermischen und in den Schweinedarm füllen.
b) Zum Kochen, Backen oder nach Lust und Laune.

92. Polnische Kiszka z Krwia

ZUTATEN:

- 4 gespaltene Schweinefüße
- 3 Pfund gewürfelter Schweinerücken
- 7 Zwiebeln
- 3 Pfund gewürfelte Schweineleber
- 5 Pfund Buchweizen
- 1 Esslöffel gemahlener Piment
- 2 Esslöffel gemahlener Majoran
- 2½ Esslöffel Salz
- 2 Esslöffel schwarzer Pfeffer
- 1 Pkt. Schweineblut (zuletzt hinzufügen)

ANWEISUNGEN:

a) Alle Zutaten zusammen kochen.
b) Alle Zutaten vermischen und kochen, bis sie gar sind (außer dem Blut).
c) Abkühlen lassen und das Blut hinzufügen. Gut vermischen und in den Schweinedarm füllen. Backen, bis es fertig ist. Wunderbar!
d) Fügen Sie einen Teelöffel Essig pro Liter frischem Blut hinzu, damit es nicht gerinnt.

93. Polnische Wurst

ZUTATEN:

- 5 Pfund mittelgroßes Schweinefleisch
- 1½ Esslöffel Salz
- 1 Esslöffel Zucker
- 1 Esslöffel schwarzer Pfeffer
- 1 Teelöffel Majoran
- 4 gepresste Knoblauchzehen
- 1 Tasse Wasser

ANWEISUNGEN:

a) Alle Zutaten vermischen, gut vermischen und in den Schweinedarm füllen.

b) Zum Kochen, Backen oder Braten.

94. Geräucherter polnischer Kielbasa

ZUTATEN:

- 5 Pfund fein gehackter Schweinerücken
- 3 Esslöffel Salz
- 1 Esslöffel Zucker
- 1 Esslöffel schwarzer Pfeffer
- 8 gepresste Knoblauchzehen
- 1 Teelöffel Majoran
- 1 Tasse Wasser

ANWEISUNGEN:

a) Alle Zutaten vermischen, gut vermischen und 24 Stunden im Kühlschrank lagern.
b) In einen großen Schweinedarm füllen.
c) Kühlen Sie den Rauch 1-2 Stunden lang oder bis die Hülle trocken ist. Erhöhen Sie die Temperatur der Räucherkammer schrittweise auf 160-165 °F.
d) Wenden Sie starken Rauch an, bis eine Innentemperatur von 140 °F erreicht ist.
e) Die Wurst in kaltem Wasser abkühlen lassen und 2-3 Stunden bei Zimmertemperatur aufhängen.

95. Portugiesische Linguiça

ZUTATEN:

- 5 Pfund grob gehackter Schweinerücken
- 2 Esslöffel Salz
- 1 Esslöffel Zucker
- 8 gepresste Knoblauchzehen
- $\frac{1}{4}$ Tasse Weinessig
- 4 Esslöffel Paprika
- 1 Esslöffel schwarzer Pfeffer
- 3 Teelöffel Majoran
- 1 Tasse Rotwein

ANWEISUNGEN:

a) Alle Zutaten vermischen und gut verrühren.
b) In den Schweinedarm füllen.
c) Zum Kochen in Rheinwein anbraten oder backen.

96. Rumänische Rinderwurst

ZUTATEN:

- 5 Pfund grobes Rinderhackfleisch
- 5 Teelöffel Salz
- 1 Teelöffel Pfeffer
- 5 gepresste Knoblauchzehen
- 1 Esslöffel Limonade
- 1½ Teelöffel Nelken
- 1 Tasse Wasser
- 2 Esslöffel Zucker

ANWEISUNGEN:

a) Alle Zutaten vermischen, gut vermischen und in den Schweinedarm füllen.

97. Rumänische Mititei

ZUTATEN:

- 5 Pfund mittelgroßes Rinderhackfleisch
- 8 gepresste Knoblauchzehen
- 3 Teelöffel Backpulver
- 1 Esslöffel Salz
- 1 Esslöffel schwarzer Pfeffer
- 1 Tasse gehackte Petersilie
- ⅔ Tasse Olivenöl
- 1 Tasse warmes Wasser

ANWEISUNGEN:

a) Alle Zutaten vermischen, gut vermischen und in den Schweinedarm füllen.

b) Zum Kochen, Grillen, Grillen oder Backen.

98. Rumänische Schweine- und Rinderwurst

ZUTATEN:

- 3 Pfund mittelgroßes Schweinefleisch
- 2 Pfund mittelgroßes Rinderhackfleisch
- 6 gepresste Knoblauchzehen
- 1½ Esslöffel Salz
- 2 Teelöffel schwarzer Pfeffer
- ½ Teelöffel Majoran
- ½ Teelöffel Liebstöckel
- 1 Tasse Wasser

ANWEISUNGEN:

a) Alle Zutaten vermischen, gut vermischen und in den Schweinedarm füllen.
b) Grillen oder backen.

99. Russische Wurst

ZUTATEN:

- 5 Pfund grob gehackter Schweinerücken
- 2 große gehackte Zwiebeln
- 2 Esslöffel gepresster Knoblauch
- 1 Tasse frische Petersilie, gehackt
- 3 Esslöffel Dillsamen
- 3 Esslöffel Kümmel
- 1 Esslöffel schwarzer Pfeffer
- 1 Esslöffel Salz
- 2 Tassen Wasser

ANWEISUNGEN:

a) Alle Zutaten vermischen, gut vermischen und in den Schweinedarm füllen.

b) Bei 350 °F etwa 1 Stunde backen.

100. Schottische Haggis

ZUTATEN:
- 1 Schafsmagen
- 1 Schafsherz
- 1 Schafslunge
- 1 Schafsleber
- ¾ Tasse Haferflocken
- ½ Pfund frischer Rindertalg
- 3 Zwiebeln, gehackt
- 1 Teelöffel Salz
- ⅛ Teelöffel Pfeffer
- Prise Cayennepfeffer
- ¾ Tasse Brühe
- 1 Tasse Whisky

ANWEISUNGEN:

a) Magen gründlich waschen, umdrehen und in kochendem Wasser überbrühen. Mit Messer abkratzen. Über Nacht in kaltem Salzwasser einweichen.

b) Herz, Lunge und Leber 1½ Stunden köcheln lassen. Cool.

c) Haferflocken im Ofen rösten.

d) Knorpel und Rohre abschneiden und die Leber grob reiben.

e) Herz und Lunge hacken und alle Zutaten vermischen.

f) Bei Bedarf noch mehr Salz und Pfeffer hinzufügen. Füllen Sie den Magen zu zwei Dritteln.

g) Das Haferflockenmehl sollte Platz zum Quellen haben.

h) Drücken Sie die Luft aus dem Beutel und nähen Sie fest.

i) Mit einer Nadel mehrmals in den Magen stechen.

j) 3 Stunden ohne Deckel kochen lassen.

k) Fügen Sie nach Bedarf Wasser hinzu. Fäden entfernen und mit einem Löffel servieren.

ABSCHLUSS

Herzlichen Glückwunsch, Sie haben das Ende des ultimativen Kochbuchs zur Wurstherstellung erreicht! Wir hoffen, dass es Ihnen Spaß gemacht hat, die Welt der hausgemachten Wurstwaren zu erkunden, und dass Sie nebenbei auch einige neue Lieblingsrezepte entdeckt haben. Wir wissen, dass die Herstellung von Würstchen für manche eine entmutigende Aufgabe sein kann, aber wir hoffen, dass dieses Kochbuch den Prozess entmystifiziert und Ihnen das Selbstvertrauen gegeben hat, neue Dinge in der Küche auszuprobieren. Egal, ob Sie ein erfahrener Profi oder ein Neuling sind, die Herstellung eigener Würste ist eine lohnende und befriedigende Erfahrung, die Ihre Freunde und Familie mit Sicherheit beeindrucken wird. Denken Sie daran: Der Schlüssel zu einer erfolgreichen Wurstherstellung liegt in der Verwendung hochwertiger Zutaten und in der genauen Einhaltung der Rezepte. Scheuen Sie sich nicht, mit verschiedenen Geschmacksrichtungen und Gewürzen zu experimentieren, um Ihre eigenen, einzigartigen Rezepte zu kreieren. Und wenn Ihnen dieses Kochbuch gefallen hat, schauen Sie sich unbedingt unsere anderen Titel an, um weitere köstliche Rezepte und kulinarische Inspirationen zu erhalten.

Vielen Dank, dass Sie uns auf dieser Reise begleiten, und viel Spaß beim Wurstmachen!

Ingram Content Group UK Ltd.
Milton Keynes UK
UKHW020036050723
424527UK00008B/40